SOU
E AGORA?
GESTOR.

SANDY FIELDS

SOU GESTOR E AGORA ?

SANDY FIELDS

ISBN: : 9781796551037

DEDICATÓRIA

Dedico este livro ao meu pai.
O seu exemplo de empreendedor foi um incentivo para eu
me apaixonar pela área de gestão e buscar conhecimento e
aprimoramento na área dos negócios.
Gratidão, amado pai.

SUMÁRIO

APRESENTAÇÃO

Estimado Leitor

O conhecimento por si só, não cria valor. O verdadeiro valor é criado quando o conhecimento é utilizado na construção de uma gestão assertiva garantida pela liderança. Ao iniciar uma carreira como gestor, muitos profissionais consideram a liderança como um grande desafio.

Você acabou de ser promovido? Sente segurança para explicar o significado de empowerment, coaching, e outros conceitos utilizados no ambiente corporativo? Já sentiu desconforto com tantos termos técnicos e teorias que na prática parecem não fazer sentido algum? Se respondeu sim para qualquer uma dessas perguntas, esse livro é para você.

Sensibilizada com esse desalento e com os profissionais que buscam aprimorar seus conhecimentos e habilidades como líder e gestor assertivo, escrevi esse livro com o propósito de proporcionar ao leitor uma visão objetiva e prática da gestão

O livro foi dividido em 5 capítulos: Administração Moderna, Liderança, Boa Prática, O Valor da Equipe e Solução de Problemas.

A administração moderna tem como ênfase os três pilares que sustentam uma Organização. No requisito liderança é possível se verificar o papel do líder, os pilares da liderança, os desafios na geração de resultados e dicas relevantes de como sobreviver no mundo dos gigantes.

O conteúdo do livro enfatiza também as boas práticas, facilmente aplicáveis no dia a dia de qualquer Organização, dando ênfase à uma jornada de aprendizagem para um líder mais assertivo.

No Sou Gestor e Agora, você ainda encontra abordagem sobre o valor do cliente, a importância da motivação, da comunicação interna e dos treinamentos. E como bônus, um esclarecimento sobre empowerment e coaching, duas práticas em evidencias no mundo moderno e que fazem toda a diferença no engajamento de pessoas e geração de resultados em equipe.

Para finalizar apresento dicas de como solucionar problemas, aplicadas diariamente em empresas do mundo inteiro. Essas dicas poderão ajuda-lo na execução e operacionalização de ações que levem a sua Organização a gerar resultados com mais eficiência e eficácia.

Com tantas informações valiosas, o livro: Sou Gestor e Agora coloca em suas mãos tudo o que você precisa saber sobre gestão de pessoas e habilidades gerenciais.

ADMINISTRAÇÃO NO MUNDO MODERNO

Não faz muito tempo, as Organizações eram voltadas a produção em massa com ambientes estáveis, poucos concorrentes e sem grandes alterações nas rotinas de trabalho, não é por acaso que eram chamadas de mecanicistas ou mecanístas.

Com o avanço da tecnologia, as mudanças na sociedade e a instabilidade dos mercados, surgem as chamadas organizações orgânicas preocupadas em atender necessidades específicas de clientes num ambiente altamente competitivo e acirrado.

Essas mudanças não são feitas da noite para o dia, você ainda pode encontrar muitas Organizações com perfil mecanísta e outras em processo de transição.

Essas transformações no mundo coorporativo exigem dos gestores, habilidades e competências que vão além das tradicionais funções administrativas de planejar, organizar, dirigir e controlar. Exige uma postura de liderança focada em resultados e melhoria contínua.

Vejamos o quadro abaixo:

Modelos de Organizações Mecanístas e Orgânicas

Características	Mecanístas	Orgânicas
Estrutura Organizacional	• Burocrática, rígida e definitiva	• Flexíveis, mutáveis, adaptativas e transitórias
Autoridade	• Baseada na hierarquia e no comando	• Baseada no conhecimento e na consulta
Desenho do Trabalho	• Cargos estáveis, definidos e definitivos. • Ocupantes são especialistas.	• Provisório. Cargos mutáveis e redefinidos. • Ocupantes polivalentes e multifuncionais.
Processo de Decisão	• Centralizada na cúpula da Organização • Quase sempre verticais	• Descentralizada na base Ad Hoc (aqui e agora) • Quase sempre horizontais
Confiabilidade quanto a	• Regras e regulamentos formalizados por escrito	• Mutável, dinâmico, turbulento e imprevisível
Organização típica	• Burocracia	• Adhocracia (ação no aqui e agora)

Para atuar no novo cenário da administração moderna é importante conhecer os 3 pilares que dão sustentação a uma Organização.

.

Uma empresa está no caminho certo quando conhece bem os seus pilares.

PILARES QUE SUSTENTAM UMA ORGANIZAÇÃO

Existem 3 pilares que dão suporte a uma Organização. Esses pilares são conhecidos como Processo, Pessoas e Clientes.

O que é Processo?

Processo é uma sequência de atividades que compõe uma empresa. Esse conjunto de atividades consecutivas e organizadas tem como objetivo transformar insumos (entradas) em produtos e serviços (saídas). A "entrada" (insumo) é tudo que é necessário para a execução do processo como exemplo: matéria prima, recursos humanos, tecnologias, capital ou informação. E "saídas" refere-se aos resultados do processo, aquilo que é recebido pelo cliente (interno ou externo) como: serviços, produtos, informações ou equipamentos

Basicamente, tudo o que tem a ver com as entradas (insumos) e saídas (produtos e serviços) de um negócio é considerado "**Processo**".

Para melhor compreensão basta observar uma área da empresa, a área de compras, por exemplo: como a empresa compra? Como escolhe fornecedores? Como vende sua mercadoria? Como é realizado o pagamento? Todas essas etapas fazem parte do processo de compras.

Diversos processos podem se inter-relacionar, sendo a saída de um e a entrada de outro. No exemplo apresentado é possível que o setor de compras realize as atividades de compra e o setor financeiro realize os pagamentos. Nesse caso, os processos dos dois setores estão inter-relacionados.

Algumas empresas têm processos mais simples, e outras têm processos mais complexos. Uma loja de roupas por exemplo, têm processos mais simples que uma indústria de Petróleo.

Para que os processos fiquem alinhados, as empresas costumam mapear o fluxo de informações através de fluxogramas, procedimentos e instruções de trabalho. Esse mapeamento dos processos permite documentar, de forma clara, o fluxo de entradas e saídas de rotinas e de informações. É uma boa prática para compreender o que deve ser feito, como e quem deve fazê-lo.

Quando os processos não estão mapeados ou definidos claramente toda a eficiência e eficácia de uma Organização é colocada em risco. Consequentemente possíveis danos são perceptíveis como: desorganização, queda da produtividade, desmotivação dos colaboradores, retrabalho, perda de tempo e dinheiro.

Para que os processos fiquem bem estruturados, sistematizados e funcionem com eficácia, as Organizações costumam padronizar.

Padronizar significa submeter um processo a um

determinado modelo de documento ou método escrito. Com a padronização busca-se normatizar e organizar as rotinas de trabalho de forma simples, aproximando a gestão estratégica do operacional, com a finalidade de ganhar agilidade e eficiência.

A padronização, quando aplicada gera resultados visivelmente positivos quantitativamente e qualitativamente. Haja vista seus benéficos:

- o entendimento do papel de cada colaborador no desempenho de sua função;
- uniformização da linguagem e melhoria na comunicação;
- segurança de que os resultados obtidos serão sempre os mesmos;
- garantia de que processos que apoiam as operações sejam estáveis e confiáveis;
- diminuição de risco operacional;
- institucionalização de normas e procedimentos;
- instrução dos membros da Organização acerca de como operar os sistemas, funções, normas, procedimentos, política, objetivos e planos estratégicos do negócio;
- produtividade no trabalho, uma vez que os procedimentos já definidos, a equipe não gastará mais tempo no aperfeiçoamento das técnicas e soluções de problemas;
- profissionais mais capacitados para trabalhar;
- redução de horas improdutivas e custo na produção e áreas operacionais;
- facilidade em desenvolver nas pessoas as habilidades necessárias à execução de tarefas definidas nos procedimentos e nas instruções de trabalho, garantindo a manutenção de resultados;

- maior eficácia na medição e controle de processos internos.

A sua empresa é padronizada? Como a casa foi arrumada e como a casa é mantida no que se refere a padronização de processos? Os processos que existem são apropriados para as atividades? Como podem ser melhorados? Há indicadores de desempenho?

Quando uma empresa não é padronizada falhas básicas são visíveis em seus processos. Entre elas, podemos citar:

- falta de controle do Capital;

- falta de controle de Estoque;

- processos inadequados para o ramo de atividade;

- não mensurar resultados;

- não saber o quanto se ganha ou o quanto se perde;

- não conhecer o custo fixo, ponto de equilíbrio e produtividade do negócio.

Dicas para melhorar seus processos:

- observe como as atividades são feitas e como são registradas;
- verifique como as pessoas trabalham e em quanto tempo executam suas tarefas;
- perceba como os colaboradores se organizam e como guardam os equipamentos e material de trabalho.

Observe toda a dinâmica do processo. A partir dessa observação é possível avaliar onde estão os pontos de melhoria.

Sugiro que converse com a equipe fazendo perguntas do

tipo: Se essa atividade for realizada de forma diferente, que impactos podem ocorrer? Se fizer diferente o processo pode melhorar? É possível otimizar o processo?

Com essas informações, sugestões da equipe e observação da atividade in loco é possível se criar um piloto ou protótipo do processo que será melhorado.

Na fase de piloto é viável se fazer todos os ajustes necessários e realizar uma melhoria com resultados mais satisfatórios.

É importante salientar que somente com informações precisas sobre tudo o que envolve o processo será possível obter resultados satisfatório.

O **segundo pilar** refere-se as **Pessoas.**

Quem são as pessoas?

As pessoas são os colaboradores, o seu Team Work.

Alguns gestores incluem o pilar referente a pessoas no pilar de processos. Faz sentido considerando que os recursos humanos fazem parte dos processos. Todavia, particularmente prefiro coloca-lo como um pilar a parte, considerando a importância de se trabalhar em equipe.

O trabalho em equipe gera melhores resultados em menos tempo, ninguém consegue ir muito longe sozinho. Quando não se trabalha em equipe, o trabalho é dobrado e os resultados são menores.

Conseguir o engajamento de um team work pode ser um desafio para muitos gestores, mas é essencial para que a Organização realize seus planos estratégicos com eficiência e eficácia. Todos precisam ter a mesma vontade de seguir a mesma direção.

É fácil perceber quando a empresa estar no caminho certo, o líder comemora junto com a equipe cada conquista alcançada. Líder que comemora sozinho é sinal que o pilar referente a pessoas necessita de melhorias.

Você pode criar projetos e construir um mundo maravilhoso. Mas é preciso pessoas para tornar o seu objetivo em realidade.

O objetivo da gestão é levar a equipe a buscar o conhecimento necessário para solucionar problemas.

Quem é a sua equipe de trabalho? Eles têm qualificação técnica para desenvolver o trabalho? Seus colaboradores participam de treinamentos? Há gestão do conhecimento? Existe uma cultura de retenção de talento?

Esses questionamentos são necessários para verificar as melhorias possíveis para que seu team work trabalhe com mais eficiência.

Esse pilar é tão importante que voltaremos a falar sobre o tema nos capítulos seguintes.

O **terceiro pilar** que dar suporte a uma empresa refere-se a **Clientes.**

Quem são seus clientes?

Cada encontro com o cliente é único, são nesses encontros que a Organização tem a oportunidade de mostrar a clientela todos os benefícios que ela tem a oferecer. Todavia, muitos gestores sequer sabem qual é o perfil dos seus clientes habituais, não conhecem suas aspirações, necessidades, e nem informações fundamentais para a manutenção da clientela.

Independente do porte da Organização, conhecer clientes é tarefa fundamental para desenvolver melhores resultados.

A sua Organização oferece o que realmente o cliente quer? Essa é uma pergunta que deve ser feita constantemente, considerando que o comportamento do consumidor está cada vez mais dinâmico.

Uma empresa é criada para resolver o problema do cliente. Sua empresa resolve os problemas do cliente?

Para identificar melhor a necessidade de seus clientes, algumas Organizações desenham o perfil de sua clientela através de uma Persona.

Uma persona nada mais é que uma representação semi fictícia criada com o objetivo de definir em uma "pessoa" características específicas do cliente ideal de uma determinada Companhia. Em outras palavras, é um agregado de informações sobre a clientela existente ou a clientela que se deseja alcançar.

A base das informações para a criação de uma "persona" é verdadeira, mas o personagem criado não é real porque não existe um cliente perfeito, com características de todos os clientes.

Existem diferenças entre Persona e Público Alvo.

A Persona é restritiva porque o cliente é observado nos detalhes enquanto que o público alvo é mais abrangente.

Exemplo:

O publico alvo de uma empresa X pode ser:

Homem e Mulheres, de 25 a 45 anos, graduados que moram nas capitais brasileiras, com renda de R$ 5.000, 00 à 10.000,00 que desejam cursar uma segunda graduação.

Se fosse uma Persona a descrição seria mais rica em detalhes, como no exemplo abaixo:

Adriano tem 28 anos, formado em administração de empresas, adora blogs informativos sobre finanças, investimentos e viagens. Trabalha numa empresa aérea. É casado tem 2 filhos e faz no mínimo 3 viagens anuais. Adora o Facebook, acompanha personalidades da área de investimentos e empreendedorismo.

A criação de uma Persona ajuda a Organização a conhecer melhor o seu cliente e consequentemente ter um relacionamento mais positivo e eficaz com ele.

Como você pode ver, o mundo mudou e os negócios também. E nesse mundo moderno as organizações precisam se equipar com talentos e competências compatíveis com às mudanças e a evolução.

LIDERANÇA

A função da liderança pressupõe a coordenação do trabalho realizado pelas pessoas, administração de diferenças e desenvolvimento de indivíduos, para que haja uma integração com os objetivos da Organização.

Um dos aspectos mais importantes no exercício da liderança é o tipo de relação interpessoal estabelecido entre o gestor e os colaboradores.

A habilidade de se relacionar com as pessoas, individualmente ou em grupo é a chave para uma boa gestão.

Na década de trinta, o interesse pela tarefa era interpretado por alguns autores como comportamento autoritário de liderança, enquanto que o interesse pelas relações humanas representava um comportamento democrático.

Na época, Douglas Mc Gregor definiu a *Teoria X* como a representação dos gestores que não confiavam na equipe, considerando que esse tipo de gestor acreditava no controle através de regulamentos rígidos e comunicação vertical. Por outro lado, a **Teoria Y,** representava os gestores que acreditavam na comunicação horizontal, enfatizando resultados e participação da equipe, sem o controle rígido da Teoria X.

Apesar do tempo, ainda hoje é possível observar essas duas teorias nas organizações.

Com o amadurecimento na forma de liderar surge a *gestão participativa* representando o estágio mais liberal da gestão de pessoas. Todavia, não entenda liberal como desobediência às normas de conduta da Organização.

A finalidade de uma gestão participativa é transformar pessoas em parceiros de negócio, de forma que todos assumam a responsabilidade e tenham participação mais ativa na sequência de atividades dos processos.

A experiência nos mostra que nem todas as empresas que se auto nomeiam com gestão participativa, de fato é. Algumas vezes, o discurso é um e a prática é outro. Isso ocorre devido à dificuldade que alguns gestores têm ao lidar com pessoas.

Uma gestão participativa envolve três aspectos:

- o envolvimento mental e emocional,
- motivação para construir,
- aceitação de responsabilidades.

Tendo em vista, a participação ativa da equipe, com liberdade de argumentar, discutir, sugerir, modificar, alterar, questionar uma decisão ou um projeto. O que não anula a autoridade do gestor perante a sua equipe.

A ideia da gestão participativa é envolver as pessoas nas soluções dos problemas, de forma que elas queiram contribuir espontaneamente. Para tal, faz-se necessário um clima de confiança mútua entre as partes.

Porém, algumas armadilhas podem atrapalhar esse processo. Essas armadilhas são:

- a cultura da empresa;
- a implantação prematura do sistema de gestão, sem o tempo necessário para amadurecer a aceitação e aderência da equipe;
- participação feita pela metade, aumenta a responsabilidade, mas não delega poder;
- a liderança não aceitar as interferências dos subordinados.

A implantação de uma gestão participativa depende da liderança. Por esse motivo muitos gestores estão desenvolvendo atitudes de um empreendedor corporativo.

Ser empreendedor significa apresentar características marcantes como: responsabilidade, iniciativa, vontade de fazer, vocação para assumir riscos e uma capacidade incrível de motivar pelo exemplo, incentivando subordinados a gerar resultados.

Vamos analisar o quadro comparativo entre um gestor conservador e um gestor empreendedor:

	Gestor Conservador	Gestor Empreendedor
Ambiente	É o tradicional que só se sente à vontade gerenciando o que ele já conhece.	É o corajoso que se sente à vontade com as novas atividades e desafios.

Motivação	Motivado pelo poder. Visa promoções e recompensas tradicionais.	Orientado por metas. Autoconfiante e auto motivado.
Tempo	Trabalha no curto prazo atendendo cotas e orçamentos mensais.	Horizonte mais amplo. Trabalha com visão de médio e longo prazo.
Ação	Delega a ação, mas a supervisão e controle ocupam a maior parte da sua energia.	Sabe delegar e controlar quando necessário, na medida certa.
Atenção	Voltado exclusivamente para dentro da Organização.	Tem visão do mercado e das novas tecnologias, olha para dentro e para fora da empresa.
Risco	Conservador e cuidadoso. Não gosta de assumir riscos.	Assumi riscos calculados. Investe e espera resultados. (Não é aventureiro, sabe onde pisa e o que faz, com os pés no chão)
Erros	Adia o reconhecimento de falhas e erros.	Encara os erros como aprendizado e segue em frente.
Sustentação	Apoia-se me	Apoia-se em

	sistemas, regras e normas.	pessoas, em sua capacidade e competência
Controle	Mantém controle rigoroso	Minimamente controlador
Decisão	Concorda sempre com aqueles que detém o poder. Adia decisões até ter certeza o que o chefe quer.	Decidido e orientado para ação.

Adaptado do livro: Gerenciando com Pessoas – Chiavenato, 2004

Nas empresas atuais o papel do líder é muito importante e nada melhor como um estudo de caso para compreender essa necessidade das Organizações.

.

Saber o que não fazer é tão essencial quanto saber o que fazer

O PAPEL DE UM LÍDER

Estudo de Caso: O Novo Líder

João Almeida, gerente do departamento administrativo, promoveu recentemente Paulo de Oliveira, um de seus melhores assistentes, a supervisor.

Na segunda feira, pela manhã, João chamou o novo gestor ao seu escritório.

- Paulo, você acaba de dar um grande passo. Foi promovido a supervisor, o que significa uma nova responsabilidade para você. Você tem muito o que aprender, Paulo. E também muito o que esquecer. Agora vamos ver o que você terá que esquecer. Primeiramente, por que você acha que foi promovido?

-Bem, eu acho que foi porque eu era o melhor assistente administrativo. Haja vista que fazia o meu serviço mais rápido que os meus colegas de escritório.

- Essa não é a razão, Paulo. Não o promovemos a supervisor porque você é o melhor assistente administrativo. Nós o promovemos porque acreditamos que você tem capacidade de fazer com que as outras pessoas realizem um bom trabalho. Já notei que quando estar trabalhando, consegue reunir outras pessoas, formando equipes. Sempre que mandamos duas ou três pessoas fazerem uma tarefa, geralmente você acaba liderando, dizendo a elas o que devem fazer, como e quando fazer. Não esperamos que você continue como assistente administrativo, Paulo.

Agora, você é supervisor. É diferente de ser assistente. Não será fácil. Quando uma tarefa lhe for designada, sua eficiência será julgada pela sua capacidade de liderança. Ou seja, como supervisor, os resultados dependerão de sua habilidade em fazer com as outras pessoas executem o trabalho.

- Você quer dizer que se aparecer uma situação onde eu poderia fazer um serviço melhor que qualquer outro da equipe, eu não poderei fazê-lo? Certamente há muitas atividades que eu posso fazer em uma hora apenas, considerando que um colaborador menos preparado levaria um dia. Não me parece uma maneira muito prática de usar os recursos humanos.

- Quero que você ajude o seu pessoal a ser tecnicamente melhor. Treine-os e desenvolva-os para que sejam capazes de realizar tarefas tão bem quanto você fazia. Se você insistir em fazer o trabalho por eles, nunca aprenderão a fazê-lo sozinhos. Então é importante que você aprenda a delegar tarefas.

- Eu não havia pensado por esse lado, pedir a alguém para fazer algo que eu faço melhor. Quero manter o padrão de qualidade da empresa e sei que a direção vai gostar que meu trabalho seja bem feito.

- Haverá ocasiões em que você terá que ajudar, mas essa ajuda deverá ser cada vez menos frequente, à medida que a sua equipe for se tornando independente. Você agora tem uma nova especialidade e vou avalia-lo por esse desempenho.

Texto adaptado do Livro: Habilidades Gerencias – Ed Senac

Analise a situação de Paulo de Oliveira e responda:

1. Por que Paulo foi promovido?
2. Como ele demonstrou sua capacidade na função de novo líder?
3. De que forma Paulo será avaliado?
4. O que ele deverá fazer para conseguir bons resultados?
5. Agora, se coloque no lugar de Paulo. Faça as perguntas anteriores trocando o nome de Paulo pelo o seu.

No estudo de caso acima você observou que Paulo terá que demonstrar sua habilidade no desempenho da sua equipe e de suas funções como gestor.

Saber o que não fazer é tão essencial quanto saber o que fazer, sendo assim as principais causas de fracasso na liderança são:

- **inabilidade para organizar detalhes** – uma liderança eficiente exige capacidade de organizar e dominar detalhes. Se um líder está muito ocupado para mudar planos ou para dar atenção a qualquer emergência é uma indicação de ineficiência. O gestor assertivo deve dominar todos os detalhes relacionados a sua posição;

- **relutância em prestar serviço de forma humilde** – os grandes líderes são solícitos em desempenhar qualquer tipo de trabalho, quando a ocasião exige;
- **medo da concorrência** – um líder que teme que os seus liderados possam tomar o seu lugar quase sempre acaba por ter esse medo transformado em realidade. Os gestores de alta performance treinam substitutos a quem possam delegar tarefas. Essa é a única forma de os líderes se desdobrarem para estar em vários lugares ao mesmo tempo;
- **falta de imaginação** – sem imaginação, os lideres são incapazes de lidar com as emergências e de criar planos para orientar seus liderados de forma eficiente;
- **egoísmo** – Os gestores assertivos não reivindicam honra, para eles o sucesso de sua equipe já é um grande louvor. Ele reconhece que seus liderados trabalham de forma árdua para gerar resultado;
- **ênfase na "autoridade" da liderança** – os gestores de alta performance lideram por meio do incentivo e não através de tentativa de provocar medo em seus liderados com a sua autoridade. Os verdadeiros líderes se impõem pela conduta, solidariedade, compreensão, justiça e pela demonstração do conhecimento no trabalho.

Seja o líder que você gostaria de ter.

Competências

Competências são as características individuais, no desempenho da atividade profissional, que diferencia uma pessoa das outras.

Essas competências podem ser observadas no cotidiano do trabalho ou em situações de teste, como nos processos seletivos de grandes Organizações.

Em outras palavras podemos definir competências como um conjunto de conhecimentos, habilidades e atitudes que permitem ao indivíduo, desempenhar com eficácia determinada tarefa.

Sendo assim, o perfil de competência passa a ser um diferencial de cada profissional.

É importante salientar que não adianta possuir competências se outras pessoas não reconhecem a sua existência.

Visto que, a competência também envolve a capacidade de uma pessoa ser reconhecida por seus talentos.

Esse conceito se aplica tanto a pessoas quanto a organizações.

Fazer follow-up significa acompanhar como as tarefas estão sendo realizadas

PILARES DA LIDERANÇA

A liderança tem como base 3 pilares. Esses pilares são: delegar, fazer follow up e cobrar resultados.

Para **delegar** é preciso inteirar-se do que será realizado. O gestor deve explicar com clareza o que ele quer e o que ele espera que a outra pessoa faça. É necessário perguntar se a pessoa entendeu, se ela tem dúvidas ou precisa de ajuda. Além disso, certificar se o colaborador concorda em realizar a solicitação.

Ouvir a opinião do colaborador é tão importante quanto colocar a sua opinião. Igualmente é primordial, que seja acordado a definição do prazo para execução da tarefa.

Após a delegação inicia-se o segundo pilar conhecido como **follow up.** Fazer follow-up significa acompanhar como as tarefas estão sendo realizadas. Da mesma maneira que o pilar referente a delegação, é necessário verificar se as pessoas precisam de ajuda ou se há necessidade de alguns ajustes. Faz -se desnecessário importunar com insistência, apenas perguntar e confirmar que está tudo sendo realizado conforme acordado.

O terceiro pilar refere-se a **cobrança de resultados** na data acordada. Onde será feita a avaliação do que foi prometido e caso seja necessário novos ajustes podem ser executados.

Esses são os 3 pilares que dão suporte a liderança na forma prática.

É importante que fique claro que ninguém faz nada sozinho. Se você é gestor precisa saber delegar, fazer follow up e cobrar resultados.

O DESAFIO DA GERAÇÃO DE RESULTADOS

Não tem como falar de gestão sem associar metas a resultados. Independente do tamanho ou ramo de atuação, toda Organização precisa criar e definir metas.

Para se definir uma meta é importante ter um objetivo claro e resultados específicos.

Para entender melhor como funciona observe o exemplo. Suponha que seu objetivo é aumentar as vendas.

Mas como você vai saber que suas vendas estão aumentando?

Você só tem como saber se suas vendas estão aumentando através de métricas. As métricas são responsáveis para mensurar e acompanhar o seu progresso. Ou seja, você quer aumentar as suas vendas em quanto?

Imagino que seja em 30%, isso significa que sua meta é aumentar as vendas em 30%.

Para que a meta fica alinhada também é necessário que seja definido o período em que se deseja alcançar essa meta. Isto é, em quanto tempo você quer alcançar essa meta? 1 mês, 3 meses ou 6 meses?

Vamos supor que seja 3 meses. Então na realidade a sua meta é aumentar as vendas em 30% no período de 3 meses. Um crescimento médio de 10 % a cada mês.

Com a meta definida é necessário especificar as ações.

O que você e sua equipe precisam desenvolver para ter o resultado esperado?

A definição das ações especificas leva a concretização de uma meta.

Ao trabalhar com grandes líderes e equipes é fácil perceber que o maior desafio na produção de resultados é fazer com que as pessoas executem com excelência o que precisa ser feito.

Considerando que as Organizações trabalham com planos estratégicos a lógica seria o engajamento natural dos colaboradores. Na prática não funciona bem assim, como gestor é bem certo que já tenha vivenciado este desafio de fazer com que as pessoas façam algo diferente e significativo. Todavia, para ter resultados você vai precisar bem mais do que a obediência de seus colaboradores, precisará que eles se comprometam. E como todo gestor sabe que obter comprometimento não é uma tarefa fácil.

Independente da equipe nenhum resultado será alcançado se as pessoas não mudarem seus comportamentos. E as mudanças comportamentais não acontecem com apenas uma ordem ou determinação da gestão.

Por essa razão, alguns planos se tornam inúteis ou acabam sendo engavetados. É natural um líder supor que as pessoas são "**o problema**", afinal são elas que fazem o que precisa ser feito. Todavia, isso é um erro as pessoas não são necessariamente "o problema".

Muitas vezes a raiz do problema encontra-se na execução ineficiente do determinado plano.

Isso acontece por 4 razões:

1. **a falta de clareza de metas** – As pessoas não compreendem o que precisa alcançar. E quanto mais distante do topo da liderança menos pessoas tem clareza das metas estabelecidas pela Organização
2. **Falta de comprometimento com a meta** – Nem sempre o fato de se conhecer uma meta é motivo suficiente para se comprometer com a execução. A prática mostra que boa parte das pessoas se deixar levar pelos acontecimentos.
3. **Responsabilização** – Quando ninguém assume a responsabilidade de defender a ideia e levar a meta adiante.
4. **Metas sem ações especificas** – Boa parte das pessoas não tem como ideia clara de como vai alcançar as metas.

Se as pessoas não se sentem seguras com relação a meta, não sabem especificamente o que deve ser feito, não há motivos para se comprometer e nem se sentirem responsáveis por sua execução. Nesse caso, é certo que a meta não será realizada.

Essa deficiência na execução de um plano estratégico impede que o resultado seja satisfatório.

E ainda poderíamos completar incluindo a rotina diária que tira a equipe do foco. O conflito com o trabalho diário, que está repleto de urgências consome tempo e energia.

Quando a urgência e a importância entram em conflito, muitas pessoas priorizam a urgência. A urgência não pode ser ignorada, por outro lado não há como executar um plano importante sem meta e sem foco.

Se você e sua equipe operar apenas apagando incêndios toda energia da Organização será gasta com isso e provavelmente o que de fato é importante ficará em segundo plano. Por outro lado, se quiser criar resultados significativos seu desafio como gestor assertivo será executar suas metas mais importantes em meio às urgências.

Lembrando que todo resultado precisa ser mensurado. São os números que vão mostrar se as ações especificas que foram tomadas foram boas ou se precisam de ajustes

Com as metas claras e bem definidas é necessário manter o foco. E manter o foco significa ter disciplina, comprometimento, definir prioridades, alinhar valores, manter a concentração e administrar o tempo.

O foco é o responsável pelo impulso que leva o indivíduo a sair da zona de conforto e gerar resultados satisfatórios e concretos.

É evidente que para se manter focado é preciso ter um motivo. Esse motivo precisa ser forte o suficiente para alguém mudar um comportamento confortável e começar a agir.

A maioria das desculpas vem da falta de foco, igualmente a falta de êxito. Por essa razão, é primordial manter o foco quando se deseja produzir resultados satisfatórios.

COMO SOBREVIVER NO MEIO DE GIGANTES

Para sobreviver no meio dos gigantes não é prudente confrontar alguém maior que você. Sendo assim, aja com sabedoria. Seja diferente, independente se os seus concorrentes são maiores ou menores do que você.

Se você colocar na cabeça que pode fazer algo melhor que os outros estão fazendo vai ter resultados. Considerando que vai colocar os seus esforços voltados para oferecer produtos e serviços com excelência. E quando uma pessoa tem a excelência como foco, ela permanece sempre crescendo.

Ninguém precisa ser do tamanho de um gigante para obter resultados. É possível ter resultados com os recursos que se tem, basta aprender como usar melhor esses recursos.

Comece analisando os 3 pilares que sustentam a sua Organização. Identifique seus pontos fortes e pontos de melhoria e faça os ajustes necessários.

Boas práticas geram resultados quando colocadas em prática.

BOA PRÁTICA

Como fazer uma reunião produtiva

Uma reunião serve para solucionar um problema ou realizar o acompanhamento de um projeto ou plano de trabalho.

Todavia, para se ter uma reunião produtiva o primeiro passo é ter essa definição clara do que quer solucionar ou verificar com a reunião. Pode ser um acompanhamento de um projeto ou um plano de trabalho.

Com o objetivo definido, faz-se necessário criar uma pauta dos assuntos que serão abordados. Essa pauta deve ser enviada para todas as pessoas que participarão da reunião, para que todos fiquem cientes dos assuntos que serão abordados no evento.

Com relação ao número de participantes considere que quanto maior o número de pessoas mais fácil as pessoas se distraem ou desviam a atenção com assuntos paralelos, assim para se realizar uma reunião produtiva o ideal é limitar o número de pessoas entre 3 e 7.

O tempo estimado para uma reunião é entre 15 a 30 minutos. Para otimizar o tempo e evitar desvios de atenção, algumas empresas utilizam o método ágil de fazer reuniões de 15 minutos em pé.

Pontualidade e foco são bem-vindos quando se deseja uma reunião produtiva.

Assim como, fazer uma ata de reunião para registrar decisões, tarefas e responsáveis.

Uma ata de reunião serve para:

- registrar decisões tomadas na reunião;
- criar histórico dos dados levantados;
- rastrear informações;
- acompanhar ações e tarefas;
- criar um plano de ação.

Se a reunião é uma continuidade de outra comece com a ata da reunião anterior para relembrar decisões, monitorar tarefas e verificar o andamento do plano de ação.

As pessoas precisam saber muito bem quais são as suas responsabilidades e quais são os seus limites. E que fique claro que toda reunião produtiva gera plano de ação e responsabilidades.

ATA DE REUNIÃO - MODELO

1. Identificação da reunião

Data	Horário	Local

2. Objetivo:

3. Participantes:

Nome	Cargo

4. Pauta / Assunto abordado

Assunto Verificado	Decisão / Encaminhamento	Observação

5. Informativos

6. Tarefas

Tarefa	Responsável	Prazo	Status

O monitoramento das tarefas auxilia no acompanhamento dos resultados e ajuda a equipe a manter o foco no que precisa ser realizado.

MONITORAMENTO DE TAREFAS

Reunião	Assunto verificado	Tarefa	Responsável	Prazo	Observação

O VALOR DA EQUIPE

Já parou para pensar o que representa uma equipe?

Essa ferramenta de trabalho importantíssima, é a unidade de ação que leva o gestor a alcançar e produzir resultados.

Para inspirar a sua equipe a gerar resultado é necessário que se descubra o porque ela faria isso. É o motivo que leva um individuo a ação. Se uma pessoa não tiver um motivo é certo que ela continue no mesmo lugar. Não adianta apenas falar para as pessoas que elas precisam bater metas. É necessário que elas tenham um motivo para se fazer isso. Cabe a você, como líder descobrir que motivo é esse.

Após descobrir o motivo, é hora de dizer para elas o que precisa ser feito e como fazer para realizar resultados. Se inverter as posições dizendo o que elas precisam fazer ou como fazer, antes de descobrir o porque elas fariam isso, é provável que a geração de resultados não atenda o esperado.

O motivo leva a ação, daí o nome Motivação.

Motivação

Observe a letra da música da banda Titãs.

Comida

Arnaldo Antunes/Sérgio Brito/Marcelo Fromer

"Bebida é água

Comida é pasto

Você tem sede de quê?

Você tem fome de quê?

A gente não quer só comida,

A gente quer comida diversão e arte

A gente não quer só comida,

A gente quer saída para qualquer parte,

A gente não quer só comida,

A gente quer bebida, diversão, balé

A gente não quer só comida,

A gente quer a vida como a vida quer

Bebida é água

Comida é pasto

Você tem sede de quê?

Você tem fome de quê?

A gente não quer só comer,

A gente quer comer e quer fazer amor

A gente não quer só comer,

A gente quer prazer para aliviar a dor

A gente não quer só dinheiro,

A gente quer dinheiro e felicidade

A gente não quer só dinheiro,

A gente quer inteiro e não pela metade

Necessidade e vontade

Necessidade e desejo

Necessidade e vontade."

A letra da música mostra como é fácil perceber algumas das necessidades que todos os seres humanos têm. Essas inúmeras necessidades, desejos, vontades são responsáveis pela motivação.

E essa motivação que impulsiona o comportamento humano para que este tenha um bom desempenho tanto na vida pessoal quanto profissional.

É certo que todas as Organizações têm interesse em ter funcionários motivados. Por outro lado, a realidade mostra que nem sempre há um cenário favorável para criar motivação. Levando em conta que nem sempre a ação corresponde ao discurso ou à intenção.

As diferenças individuais entre as pessoas também dificultam na definição de parâmetros que poderiam ser utilizados para motivar as equipes em igualdade de condições. O que é bom para uma pessoa pode não ser para outra. E o que interessa a uma pessoa hoje pode não ter significado algum amanhã.

Daí a importância de se compreender a motivação humana

a partir de suas necessidades. Afinal, todas as pessoas têm necessidades próprias que podem ser chamadas de desejo, aspirações, objetivos individuais ou motivos.

Esses motivos são as forças que impulsionam e influenciam uma pessoa, diante das diversas situações da vida.

Cada pessoa pode sentir e perceber suas necessidades de forma diferente, em diferentes épocas e/ou situações. Por essa razão, muitos estudos são realizados no intuito de identificar necessidades que são comuns a maioria das pessoas ou a um público alvo específico.

A teoria motivacional mais conhecida é de Abraham Maslow, onde as necessidades humanas são representadas através de uma pirâmide.

Na base da pirâmide tem as necessidades fisiológicas, seguida da necessidade de segurança, necessidades sociais, necessidade de estima até chegar ao topo onde fica a necessidade de auto realização.

Necessidades fisiológicas consistem nas necessidades básicas do ser humano como alimentação, repouso, moradia, desejo sexual. Elas orientam a vida desde o momento do nascimento e estão diretamente relacionadas com a sobrevivência dos indivíduos.

Necessidade segurança consistem em levar a pessoa a preocupar-se com a proteção de qualquer perigo real ou imaginário, físico ou abstrato. Pela sua condição também está relacionado com a sobrevivência dentro e/ou fora da organização. Se as ações e decisões gerenciais refletem incertezas, favoritismo ou alguma prática imprevisível provocam insegurança quanto a permanência do emprego, setor ou projeto.

Necessidades sociais estão relacionadas com o convívio social. É a necessidade de associação, de participação, de aceitação por parte dos colegas, de troca de amizade, de afeto e de amor. A frustação dessa necessidade num determinado ambiente, deixam as pessoas resistentes, antagônicas e hostis.

Necessidade de estima está relacionada com a maneira que a pessoa se vê e se avalia. Envolve a auto apreciação, autoconfiança, necessidade de aprovação social, reconhecimento, status, prestígio e de consideração. A frustração dessa necessidade produz sentimento de inferioridade, fraqueza, dependência e desamparo, os quais por sua vez podem levar ao desânimo ou as atividades compensatórias.

Necessidade de auto realização levam a pessoa a realizar o seu próprio potencial a se desenvolver continuamente ao longo da vida. É a utilização plena dos talentos individuais.

Essas necessidades se alternam ou se repetem em alguns momentos da vida. As pessoas reagem de acordo com a situação em que se encontram num determinado momento da vida, sua motivação faz parte dessa dinâmica.

É um processo cíclico que se inicia a partir do momento em que o surgimento de uma necessidade rompe o equilíbrio dinâmico do ser humano. Esse desequilíbrio cede lugar a um estado de tensão que dura enquanto a necessidade não é devidamente satisfeita.

A satisfação de uma necessidade, hoje, não garante a satisfação de total dessa necessidade. Algumas delas exigem um ciclo rápido como as fisiológicas, enquanto outras o ciclo é mais longo como a auto realização, podendo envolver quase toda a vida para ser completada.

Um gestor assertivo compreende esses aspectos do comportamento humano, e com sabedoria conduz as pessoas e equipes a alcançar objetivos individuais e grupais.

Alguns autores, como Victor Vroom (Work and Motivation) afirmam que a motivação produzida em uma organização é determinada por três fatores:

- **expectativas:** referentes aos objetivos individuais, podendo incluir dinheiro, segurança no cargo, aceitação social, reconhecimento e uma infinidade de combinações de objetivos que uma pessoa procura satisfazer simultaneamente dentro da organização;
- **recompensas:** referentes a relação percebida entre a produtividade e alcance dos objetivos individuais;
- **relações entre expectativas e recompensas:** se uma pessoa acredita que seu esforço tem pouco efeito no resultado, tenderá a não se esforçar muito, pois não percebe a relação entre o nível de produtividade e recompensa, isto é, entre o custo e o benefício do investimento pessoal e o retorno.

Em situações laborais, o indivíduo ainda sofre outras influências, além das identificadas anteriormente. Conforme é percebido através dos fatores: higiênicos e motivacionais estudados por Herzberg.

Fatores higiênicos estão ligados ao ambiente, ao qual as pessoas estão inseridas, incluindo as condições dentro das quais elas desempenham a sua função. Envolvem as condições físicas e psicológicas, o salário, os benefícios sociais, estilo de gestão, a política e diretrizes da organização, os regulamentos internos, o clima organizacional, o relacionamento interpessoal, entre outros.

Fatores motivacionais estão relacionados com o conteúdo do cargo e com a natureza das tarefas que a pessoa executa. Envolvem sentimentos de crescimento individual, reconhecimento profissional, autonomia e independência, assim como, auto realização.

Pagamento de salário motiva as pessoas?

É importante que se diga que as pessoas não ficam motivadas por receberem o salário em dia ou pelo fato de a empresa atender aos requisitos legais.

Por uma razão muito simples, isso é normal, é o que se espera quando se assina um contrato de trabalho. Por outro lado, o não cumprimento desses fatores com certeza deixa a equipe insatisfeita e desmotivada.

Então, não espere que sua equipe fique motivada por promover a normalidade e atender essas expectativas básicas. Entenda que pagar salário em dia e atender requisitos legais não promovem motivação e sim normalidade.

Quando se fala em motivação não há uma regra especifica como 2 e 2 são 4. Os motivos podem variar de pessoa para pessoa. Como foi visto anteriormente, o que é bom para um pode não ser bom para o outro e o que é importante hoje pode não ser importante amanhã.

Para algumas pessoas reconhecimento no trabalho é um fator motivacional para outros isso é um requisito básico. Assim como, recursos apropriados e disponíveis ou flexibilidade de horário. Por essa razão, faz-se necessário compreender que atender expectativas e normalidade elimina insatisfação, mas não gera necessariamente a motivação.

Uma pessoa pode decidir permanecer numa organização motivada por aspectos negativos ou positivos, os quais podemos citar:

Aspectos negativos:

- medo de perder a fonte de renda;
- medo de ficar desempregado;
- medo de ser excluído da sociedade.

Aspectos positivos:

- prazer em trabalhar na organização;
- orgulho de participar de uma equipe vencedora;
- salários e benefícios;
- oportunidade de crescimento profissional;
- ambiente de trabalho agradável e divertido;
- enriquecimento intelectual.

Se as pessoas não conseguem visualizar nenhuma compatibilidade entre seus objetivos pessoais e os da organização terão um desempenho insatisfatório comprometendo a geração de resultados.

EMPOWERMENT

Empowerment ou empoderamento, é um termo muito utilizado nas organizações e está diretamente relacionado a delegação de autonomia para tomada de decisões. Isto significa que uma pessoa empoderada é alguém que recebeu autorização para tomar decisões. Pode ser um supervisor, um líder, um coordenador ou alguém designado para isso.

O empowerment também representa o fortalecimento das pessoas por meio do trabalho em equipe. Numa dinâmica em que os objetivos são claros, a visão é coordenada e os papéis são distribuídos em conformidade com uma avaliação contínua do desempenho e da eficácia de suas ações.

Esse "empoderamento" passa obrigatoriamente por 5 requisitos:

- participação direta nas decisões;
- atribuição de responsabilidades pelo alcance de metas e resultados;

- liberdade para escolher métodos de trabalho e programas de ação com a ajuda e apoio do gestor;
- atividade grupal e solidária, representando uma equipe mais coesa, integrada, orientada e apoiada;

a auto avaliação do desempenho como meio de melhoria contínua.

COMUNICAÇÃO INTERNA

A comunicação é um processo de transmissão da informação de uma pessoa para outra e compartilhada por ambas.

Esse processo está relacionado aos valores pessoais, experiências psicológicas e ao ambiente físico e social no qual o indivíduo encontra-se inserido. Em outras palavras, as ações de uma pessoa são guiadas pelo o que ela pensa, acredita e sente.

Observe o quadro abaixo

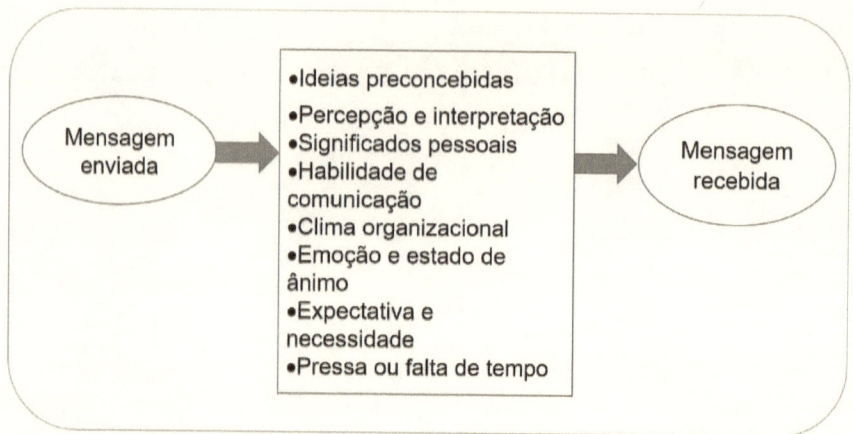

Para compreender melhor como funciona esse fluxo de comunicação verifique abaixo, o texto que circula na internet.

Prova de Vestibular - Gama Filho – RJ

Questão: Faça uma análise sobre a importância do Vale do Paraíba.

Resposta do candidato:

"O Vale do Paraíba é de suma importância, pois, não podemos discriminar esses importantes cidadãos. Já que existem o vale – transporte e o vale idoso, porque não existir também o vale do paraíba?

Além disso, sabemos que os paraíbas, de modo geral, trabalham em obras ou portarias de prédios e ganham pouco. Então, o dinheiro que entra no meio do mês – que é o vale."

Mensagem de desconhecido que circula na internet

A pessoa que escreveu a redação com certeza interpretou a mensagem de acordo com a sua percepção em relação ao ambiente em que vive.

No Rio de Janeiro alguns trabalhadores são popularmente chamados de paraíbas. E como a maioria dos trabalhadores de grandes metrópoles recebem vales. O vestibulando associou o Vale do Paraíba com a sua realidade local e não com a região da Serra da Mantiqueira de grande importância histórica no escoamento de produção do litoral ao interior no estado de São Paulo. (séc XVII)

Logo, o ambiente se caracteriza por uma enorme complexidade de informações e cada pessoa processa essas informações de uma forma bem particular. Por essa razão, existem tantos mal-entendidos seja na sociedade ou nas Organizações.

E para evitar esses mal-entendidos, muitas Organizações priorizam estrategicamente o seu sistema de comunicação, desenvolvendo treinamentos específicos como uma forma de diminuir ruídos, fortalecer as equipes e estimular o desenvolvimento de pessoas.

*Treinamento é o esforço necessário
para o aperfeiçoamento*

TREINAMENTO

O conceito de treinamento está implícito na atribuição gerencial em todos os níveis ou áreas. O gestor pode até delegar a terceiros, a tarefa de treinar sua equipe, mas não pode excluir-se da responsabilidade em relação ao treinamento.

É o gestor que deve cuidar para que sua equipe receba o treinamento adequando continuamente.

O treinamento é algo constante e contínuo. Treinar uma única vez pode não ser suficiente, tendo em vista a constante busca pela eficiência e eficácia das pessoas e um aprimoramento das competências profissionais.

O processo de treinamento compõe 4 etapas:

Levanta mento de necessi dades	Progra mação de	Implem entação e execuçã o	Avaliaç ão dos resultad os
Objetivos da organização	Quem treinar	Implementação do programa pelo gestor, RH ou por terceiros.

Execução realizada por pessoas designadas | Monitoramento do processo |
Competências necessárias	Como treinar		Avaliação e medição
Resultado da avaliação de desempenho	Em que treinar		Comparação de dados referentes a performance de desempenho atual com o anterior
Problemas com pessoal	Quando treinar		

Adaptado do livro: Gerenciando com Pessoas – Chiavenato

Após a realização do treinamento faz-se necessário acompanhar o desempenho da equipe e para tal verificamos as condições abaixo:

- as habilidades foram desenvolvidas e aprimoradas através do conhecimento e a prática? Se falta um desses fatores não há como uma pessoa se tornar hábil;
- houve oportunidade para colocar em prática o que foi assimilado no treinamento? De nada adianta treinar sem oferecer a oportunidade para realizar o que foi aprendido;

- o colaborador adquiriu a habilidade necessária com relação a tarefa que será executada? Ele acredita que é capaz de realizar com eficiência o conhecimento adquirido? Se uma pessoa não acredita que é capaz, não corre o risco nem de tentar;

- existe um ambiente de apoio com estimulo, encorajamento e confiança para que o colaborador tenha a autoconfiança necessária na aplicação de um conhecimento?

A gestão do conhecimento tem como finalidade tornar acessível a grande quantidade de informação que circula numa Organização.

Criar uma cultura de aprendizagem capaz de assumir o compromisso com o incentivo à leitura de manuais, procedimentos e instruções de trabalho, bem como, o desenvolvimento de colaboradores é um grande desafio. Tendo em vista, a consolidação do conhecimento como a essência para atingir resultados esperados, destacando a aprendizagem como o processo mediante o qual, o indivíduo adquire o saber e muda a sua conduta.

Um bom desempenho numa determinada ação não garante o sucesso permanente, porque as pessoas retêm informações de forma diferente.

Uma das formas de entender essa prática de agregar valor e compartilhar informações no ambiente corporativo é através da ferramenta do *CHA* - Conhecimento, Habilidade e Atitude, onde:

Conhecimento é o estar inteirado com a sapiência adquirida por meio de cursos, especializações, escolaridade, workshop, e experiências pessoais ou coletiva, independente de ter sido adquirido na Organização ou fora dela.

Habilidade é transformar esse conhecimento em ação, ou seja, saber fazer e aplicar o que aprendeu.

Atitude é ter o comportamento compatível para realizar com eficácia conhecimentos e habilidades adquiridas. É o comprometimento e a vontade, ou seja, a motivação para fazer o que precisa ser feito.

Esses dados são relevantes no que diz respeito a competência de um Team, a experiência mostra que muito conhecimento é ignorado e desperdiçado porque não há na Organização uma gestão de conhecimento adequada para identificar e aplicar de forma produtiva o saber adquirido.

Uma pessoa pode ter conhecimento e nunca ter colocado em prática, outra pessoa pode ter o saber e a experiência, mas nunca lhe foi dada a oportunidade de aplicar.

Às vezes, as soluções dos problemas estão próximas demais e não percebemos.

Quando se dar ao colaborador apenas o que se imagina que ele pode fazer é um desperdício de talento, considerando que as pessoas podem ir muito além quando são desafiadas.

Como são geridas as informações na sua Organização?

Essa reflexão é necessária considerando uma mudança de conduta como consequência da troca de conhecimento, compreensão do assunto e/ou desenvolvimento de uma habilidade, por meio da educação, experiência, prática ou estudo.

A aplicação da técnica do *CHA* não é um formula mágica e sim uma ferramenta estratégica para avaliar corretamente o potencial da sua equipe. A partir daí nortear a gestão do conhecimento na criação de ações que gerem resultados esperados.

Quando a Organização entende isso e consolida uma cultura de aprendizagem, o potencial dos colaboradores é evidenciado e nos reserva surpresas maravilhosas.

Conscientes desse processo, os gestores modernos estão se transformando em coach.

COACH

Coach é uma palavra inglesa que significa técnico ou treinador. Assim como num jogo de futebol, o técnico é a pessoa que orienta a equipe a gerar resultados.

Esse termo coach que significa técnico em inglês é muito usado para mostrar a preocupação dos gestores com o desempenho de suas equipes.

A disseminação do coach não representa apenas um modismo, existem razões pelas quais o coaching está se tornando uma necessidade nas organizações.

Com o avanço da tecnologia, as mudanças são rápidas e aceleradas, o imprevisível e as incertezas já são realidade no mundo corporativo.

Por outro lado, as organizações cada vez mais deixam de ser verticalizadas, com várias camadas de hierarquia, para se tornar horizontalizadas onde a relação entre chefe e subordinados é cada vez mais direta, igualitária e menos burocrática.

Além disso, o capital intelectual está dominando o mercado como um ativo que agrega valor e cria diferencial para as organizações.

E os gestores começam a entender que a aprendizagem é o combustível principal que move as pessoas e as organizações em direção ao desenvolvimento e excelência.

Organizações de grande porte estão criando universidades corporativa e as empresas menores que não dispõe desse recurso estão preferindo investir em coaching porque constitui uma forma simples e efetiva de garantir a aprendizagem contínua de seus colaboradores.

Coach, coaching ou coachee qual a diferença?

Coach é o profissional que aplica o conhecimento e a estratégia necessária para atingir resultados.

Coaching é a prática desenvolvida pelo coach.

Coachee são as pessoas que irão participar do processo de orientação realizado pelo coach.

A prática Coaching é o processo que aumenta o nível de resultados de pessoas, equipes ou empresas por meio de técnicas e ferramentas conduzidas pelo coach.

As empresas que aplicam essa metodologia, geralmente identificam entre os seus colaboradores, aqueles que tem um perfil natural para orientar os seus colegas em determinadas tarefas, mostrando a eles, o que devem fazer, como fazer e quando fazer.

Imagine um colaborador que além de ser um excelente vendedor, orienta os seus colegas com relação a postura adequada, organização de cadastros, abordagem do cliente, utilizando técnicas e métodos corretamente. Ao mesmo tempo em que motiva a equipe a atingir as metas, indica como fazer isso. Esse colaborador pode ser designado a ser um líder coach.

A escolha de um colaborador para desempenhar o papel de coach está relacionada à sua capacidade de liderança orientada por resultados.

A função de um líder coach é orientar uma equipe enriquecendo o seu estilo de gestão e liderança através da metodologia do coaching.

As habilidades de um coach são:

- criar maneiras de aumentar o desempenho e capacidade das pessoas;

- mostrar interesse na pessoa como indivíduo e não apenas como empregado ou ocupante de um cargo, respeitando a individualidade e personalidade;
- ouvir o coachee e procurar entender suas aspirações e carências;
- capacidade de criar um clima de apoio e suporte estimulado o melhor desempenho;
- criar um ambiente de trabalho que contribua para troca de informações, ideias e sugestões;
- capacidade de influenciar as pessoas e incentivar mudanças de comportamentos através de uma melhoria contínua.

Não basta apenas ter conhecimento e habilidade em desempenhar bem uma função, é necessário que a equipe o veja como uma referência na geração de soluções.

Na prática de coaching os resultados dependerão da habilidade do coach em fazer com que a equipe execute o trabalho, da melhor forma possível. Normalmente, a eficiência do coach será analisada a partir de sua capacidade de atingir metas. É por essa caraterística que ele será avaliado por seus gestores.

Um bom coach tem a capacidade de fazer com que as pessoas realizem bem uma tarefa, um trabalho ou um projeto.

Características de um coach:

- ter um bom relacionamento com a equipe;
- capacidade de inspirar os demais;
- capacidade de se comunicar;
- disciplina;

- flexibilidade;

- competência técnica;

- capacidade de analisar situações e solucionar problemas;

- ter disposição para orientar a equipe.

É importante salientar que coach não é babá. Coach babá é aquele que não permite que sua equipe se desenvolva. Ele faz tudo pelos outros.

Como já foi dito antes o papel do coach é ajudar a sua equipe a ser tecnicamente melhor. Treinando e desenvolvendo colaboradores, de maneira que estes desempenhem uma tarefa, atividade ou projeto tão bem quanto, ou melhor do que seu orientador.

Se o coach insistir em ser babá, a equipe nunca irá aprender a fazer sozinha. Certamente, haverá situações em que o coach deverá ajudar, contudo essa ajuda deverá ser cada vez menos frequente à medida que a equipe vai se tornando independente.

O que um coach deve fazer?

- estimular feedback;

- promover a solução de problemas;

- potencializar a confiança nas relações com a equipe;

- demonstrar paciência no processo de mudança;

- incentivar que os colaboradores reflitam sobre a atividade que desenvolvem, encorajando para encontrar soluções;

- reconhecer os pontos fortes da equipe;

- manter o foco no que pode ser melhorado.

Um coach tem a responsabilidade de melhorar o desempenho da equipe e para tal, é fundamental que trabalhem juntos de forma harmoniosa e coesa.

Orientado para resultados, o coach empresarial estabelece os objetivos e metas em conjunto com os membros da organização.

Se você deseja designar um colaborador para desempenhar essa função é importante que antes de fazê-lo, esteja certo que a pessoa tenha o conhecimento e habilidade necessária para o resultado esperado.

Problema é uma forma de vê as coisas, antes de mudar o foco para solução.

SOLUÇÃO DE PROBLEMAS

Solucionar um problema pode ser mais simples do que você imagina.

Há 2 fatores que movem uma organização. O primeiro está relacionado diretamente aos resultados que queremos. É o que chamamos de êxito e o segundo é representado pelas situações indesejadas que rotulamos como problemas. Chamamos de problema um resultado indesejável. Um gestor assertivo enxerga essa situação como uma oportunidade de melhoria.

Um gestor assertivo tem como base o conhecimento, e seu objetivo é criar um alicerce para a melhoria continua dos 3 pilares que sustentam a Organização.

Antes de solucionar uma situação indesejada faz se necessário responder as seguintes perguntas:

- Quais os dados e informações estão disponíveis?
- Quais os caminhos possíveis?
- O que caracteriza uma solução satisfatória?

Com as perguntas acima é possível fazer uma análise dos caminhos possíveis, identificar as dificuldades e as soluções viáveis.

Como solucionar um problema?

1. Reúna todos os fatos.
2. Pondere esses fatos, analisando com prudência e bom senso.
3. Identifique as causas do problema, respondendo às seguintes perguntas:
   a) Qual é o problema?
   b) Qual a causa raiz do problema?
   c) Quais as possíveis soluções?
   d) Qual a melhor solução possível?
4. Tome a decisão
5. Uma vez tomada a decisão, entre em ação

Feito isso, a situação indesejada deixa de ser um problema e se transforma em uma oportunidade de melhoria.

Um gestor assertivo é orientado por resultado através de decisões e ações. E nesse momento, acredito que você já tem todas as informações que precisa para ser um grande gestor.

Nessa jornada de aprendizado há muito a aprender e crescer. De tempos em tempos revise o que fez e verifique se deveria continuar fazendo o mesmo ou se existe uma maneira de fazer melhor.

A minha intenção ao escrever "Sou Gestor e Agora" é que ele seja mais uma ferramenta para que você possa mostrar o seu potencial gigantesco. Quando isso acontecer ficarei muito feliz, se de alguma maneira consegui contribui.

Agradeço a sua companhia. Agora é com você.

Boa sorte!

Se tem alguma crítica ou sugestão que possa melhorar este livro ou encontrou algum, erro, por favor enviar um e-mail para gestaointime@gmail.com

Você também pode me seguir no facebook na fanpage @gestaointime ou pelo YouTube no Canal de Sandy Fields - https://youtu.be/YxVnTIch444

Enviei um comentário ou mensagem com o que achou deste livro.

Se gostou será sensacional se puder indicá-lo para seus amigos.

Um forte abraço e sucesso no seu caminho!

Com amor e gratidão!

Sandy Fields

SOBRE A AUTORA

Escrevo para quem ama gestão e criatividade. Meu objetivo é compartilhar o caminho para melhoria continua na área profissional e pessoal. Meus livros mostram razões, estratégias, dicas e passos para aumentar a produtividade. Analistas, gestores, empreendedores e consultores encontraram em meus livros informação de alta qualidade que impulsionam alta performance e a entrega de resultados e soluções.

Em meu newsletter você tem acesso rápido e atualizado a conteúdos gratuitos sobre gestão, criatividade e ferramentas que são postadas em minhas redes sociais, leia-se Facebook, Instagram e YouTube

Como analista sênior de gestão atuei por mais de 10 anos em indústrias de grande porte no ramo de petróleo, engenharia, aviação e educação.

Autora do livro: "O Código Secreto da Gestão in Time – Mapeamento de Processos, Indicadores de Desempenho e Solução de Problemas" e "Sou Gestor e Agora".

Autora do livro: "Visão Criativa – Ideia e Execução"

Livros disponiveis na Amazon.

Realizo palestras, treinamentos e consultoria.

Para saber mais:

YouTube : Sandy Fields

Fanpage Facebook : @ideianomural

E mail: gestaointime@gmail.com

REFERÊNCIAS

Chiavenato, Idalberto – Gerenciando com as Pessoas: Transformando o executivo em um excelente gestor de pessoas – Elsevier, 2004

Moreira, Claudia Maria – Habilidades Gerenciais – Senac, 1997

Rabaglio, Maria Odete – Seleção por Competências, Educator, 2001

McChesney, S. Covey, and J. Huling - - The 4 Disciplines of Execution, Alta Books, 2018

Fields, Sandy - Gestão in Time – Mapeamento de Processos, Indicadores de Desempenho e Solução de Problemas – Amazon, 2018

Falconi, Vicente – O Verdadeiro Poder – INDG Tecnologia e Serviços Ltda, 2009

Silva, Fabio Gomes e Marcelo Socorro Zambon – Gestão do Relacionamento com o Cliente, 3º Edição, Cengage Learning, 2016

Institute, Disney – O jeito Disney de Encantar os Clientes, Saraiva 2011

Falconi, Vicente – Gerenciamento da Rotina do Trabalho do Dia a Dia – Falconi, 2004

McMahan, Cheryl - Root Cause Analysis Made Easy – A Guide for Invertigating Erros & Improving Processes, McMahan, DBA, 2011

SANDY FIELDS

www.ingramcontent.com/pod-product-compliance
Lightning Source LLC
Chambersburg PA
CBHW020609220526
45463CB00006B/2515